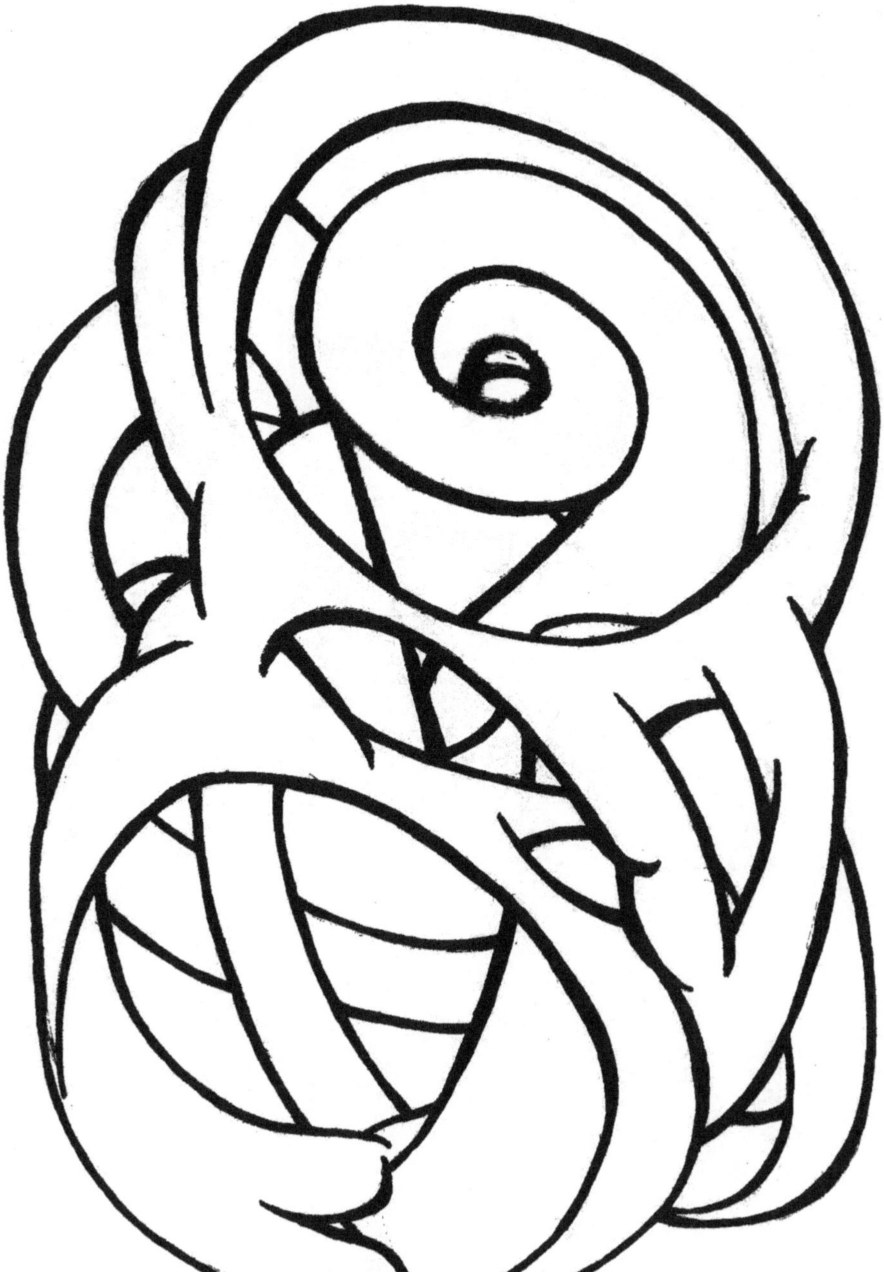

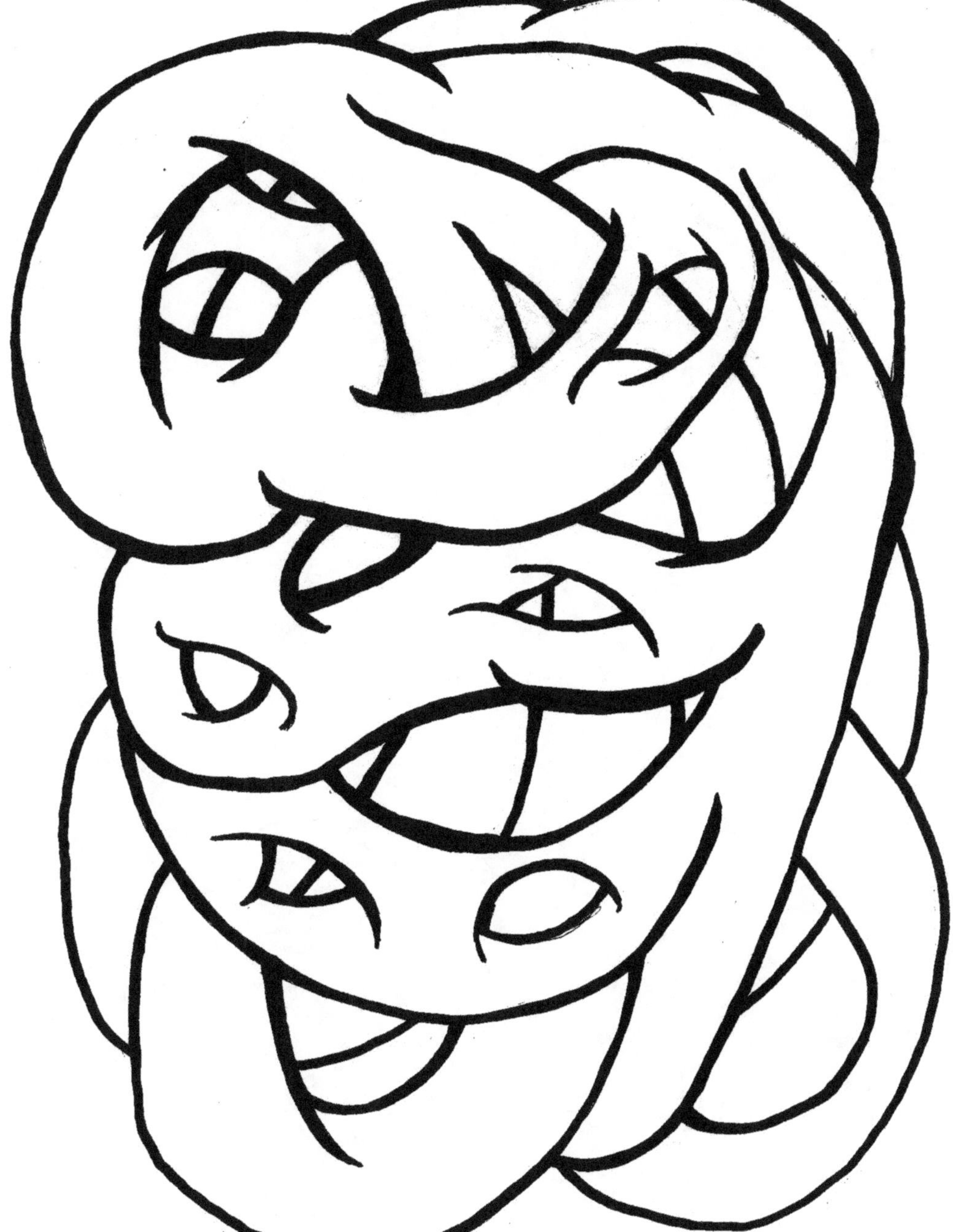

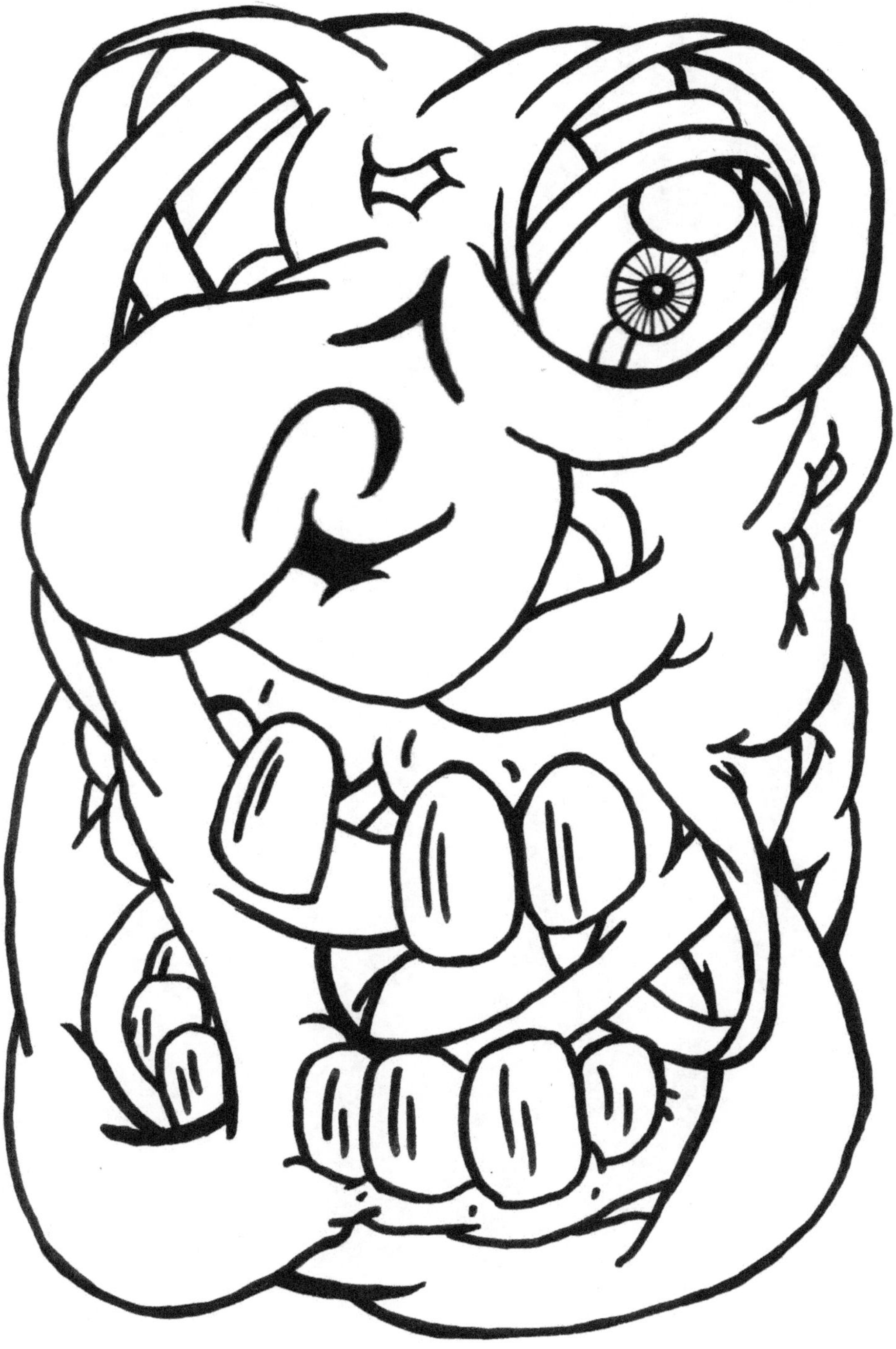

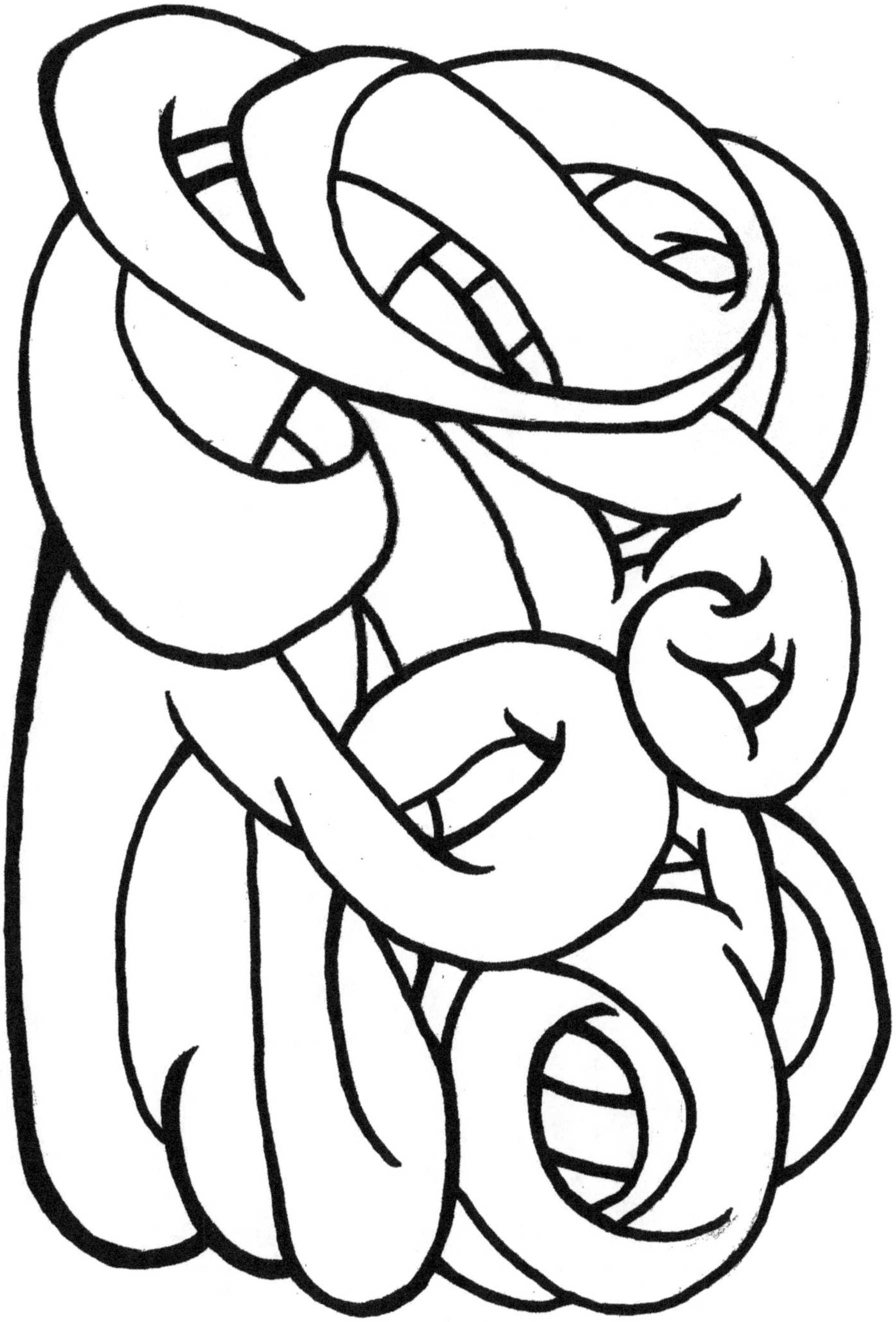

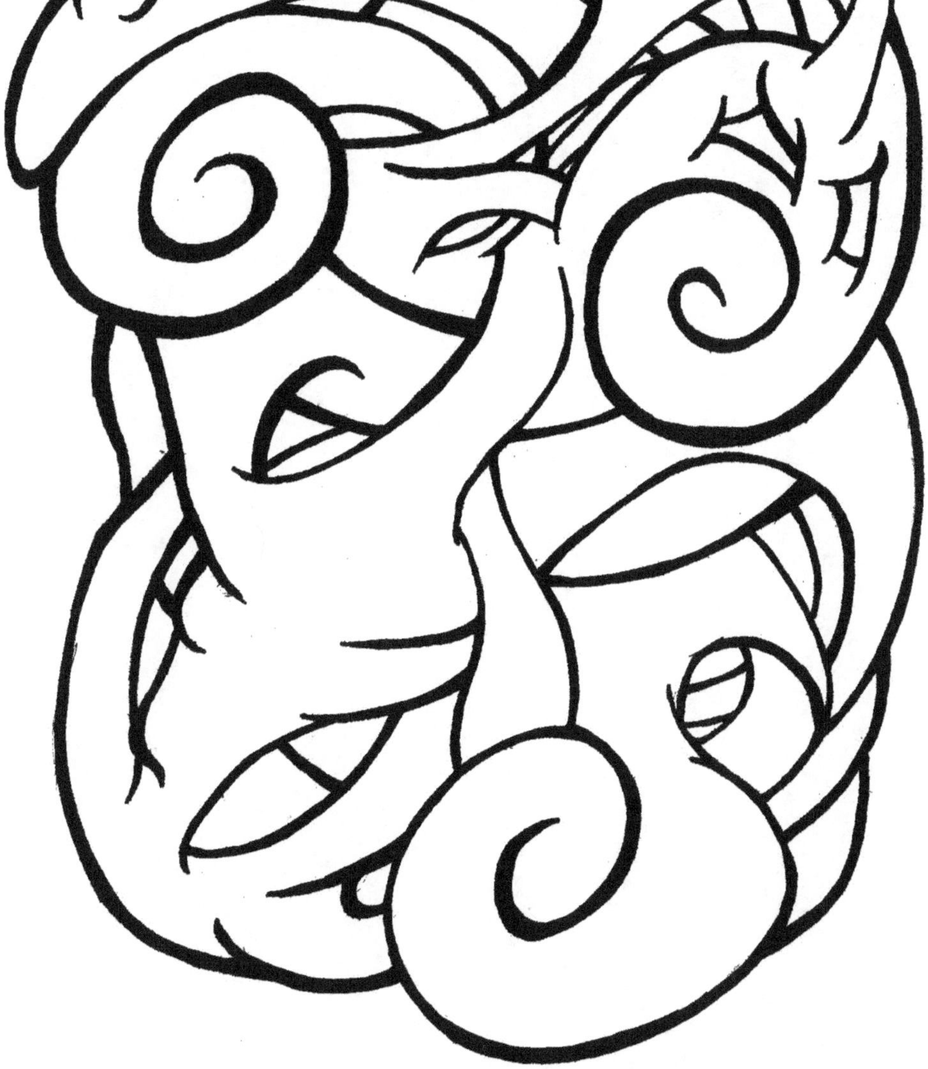

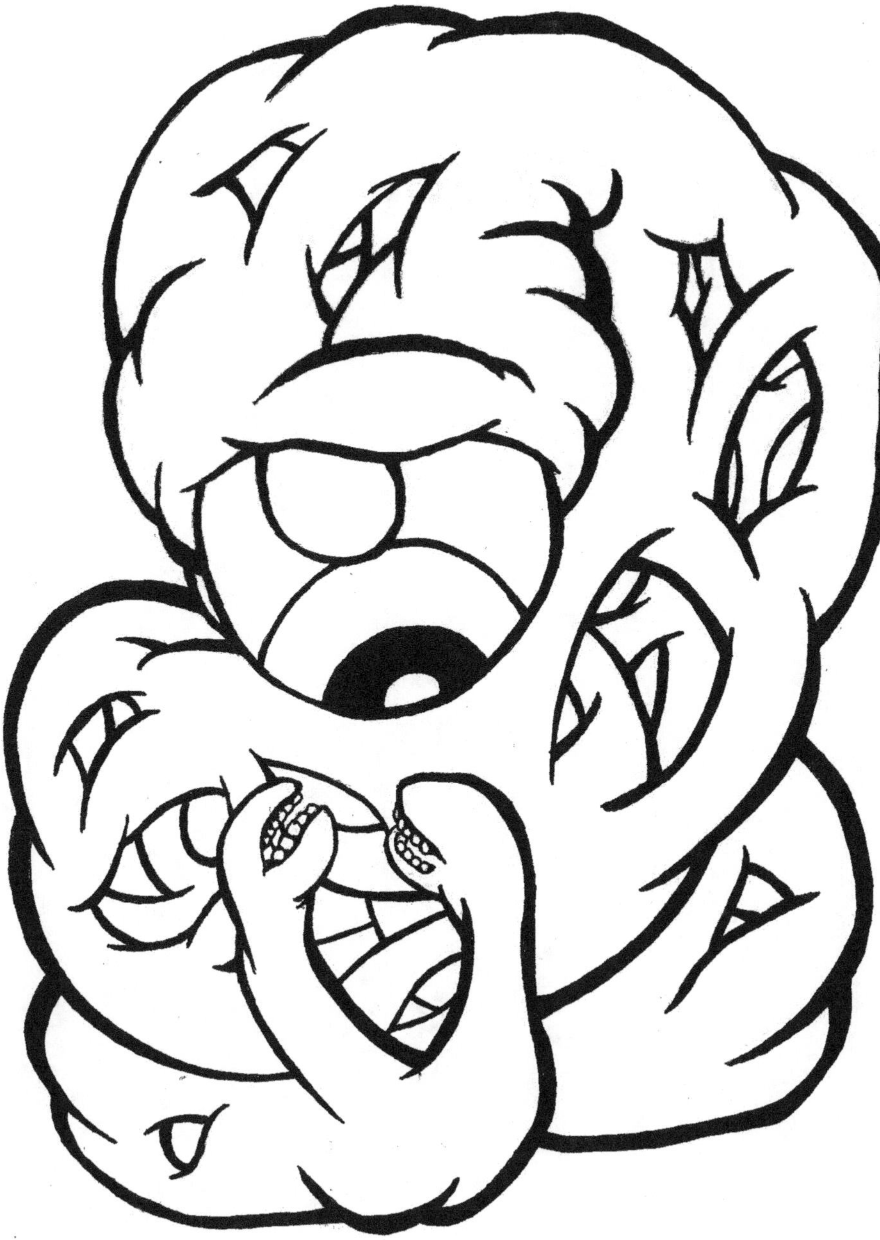

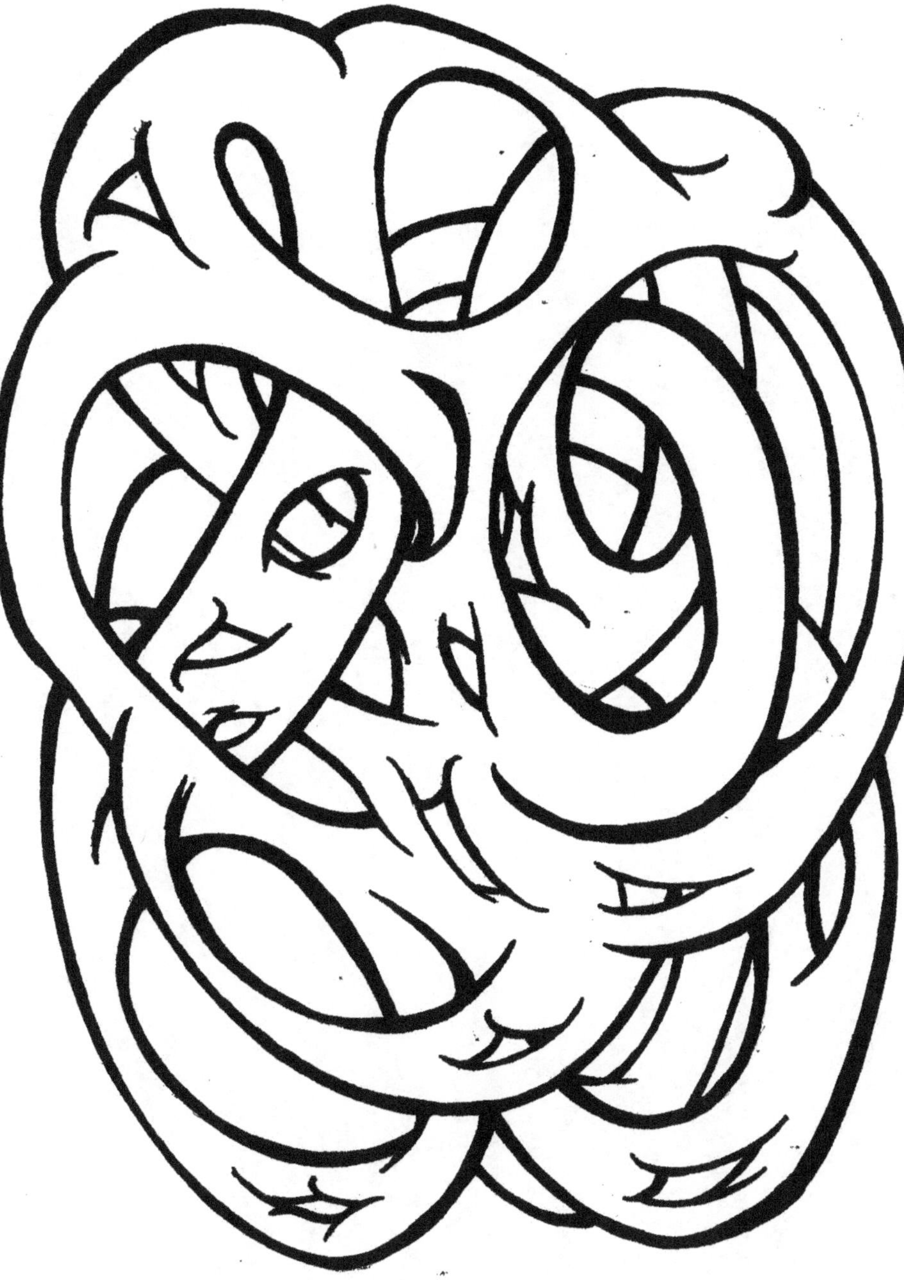

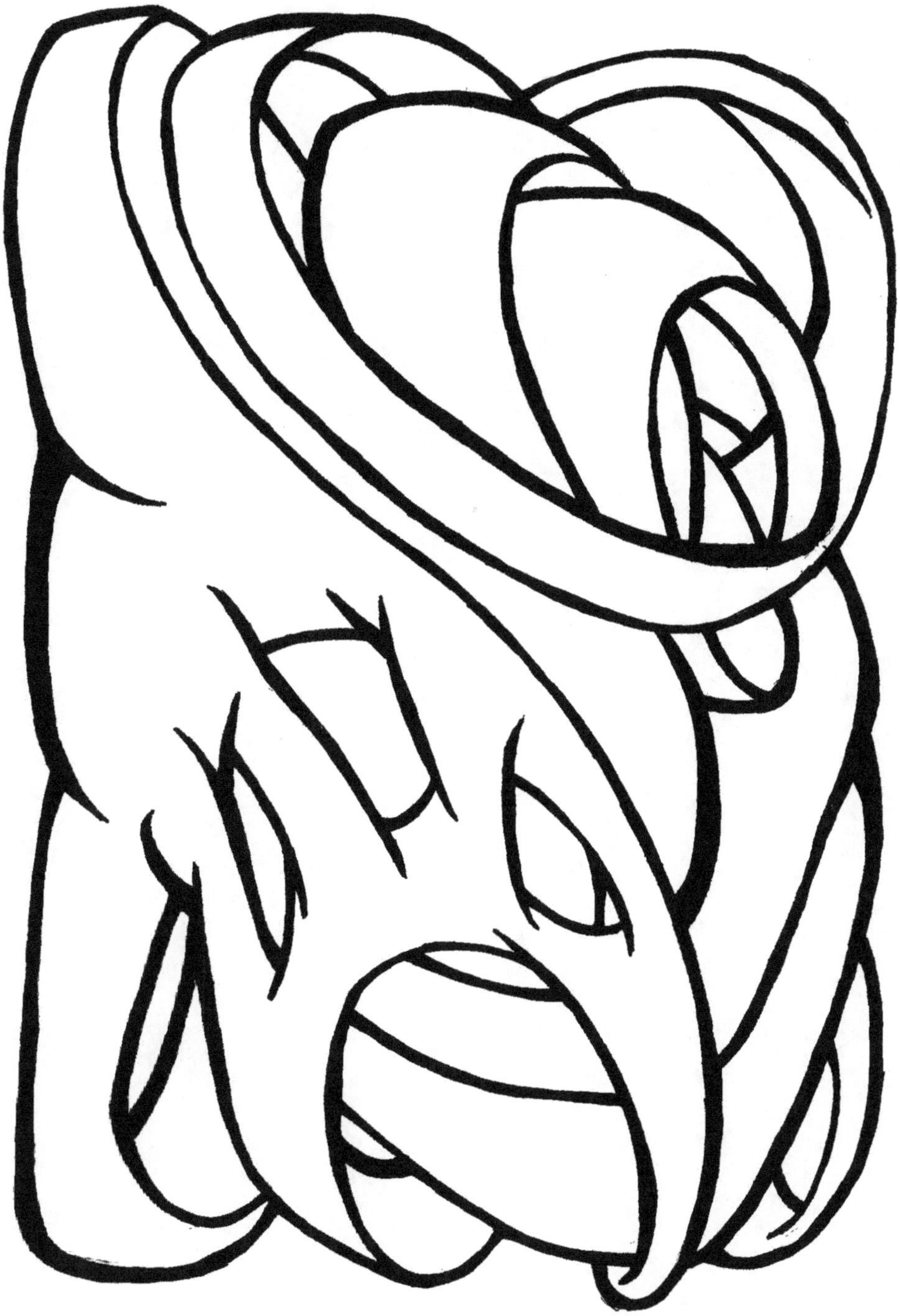

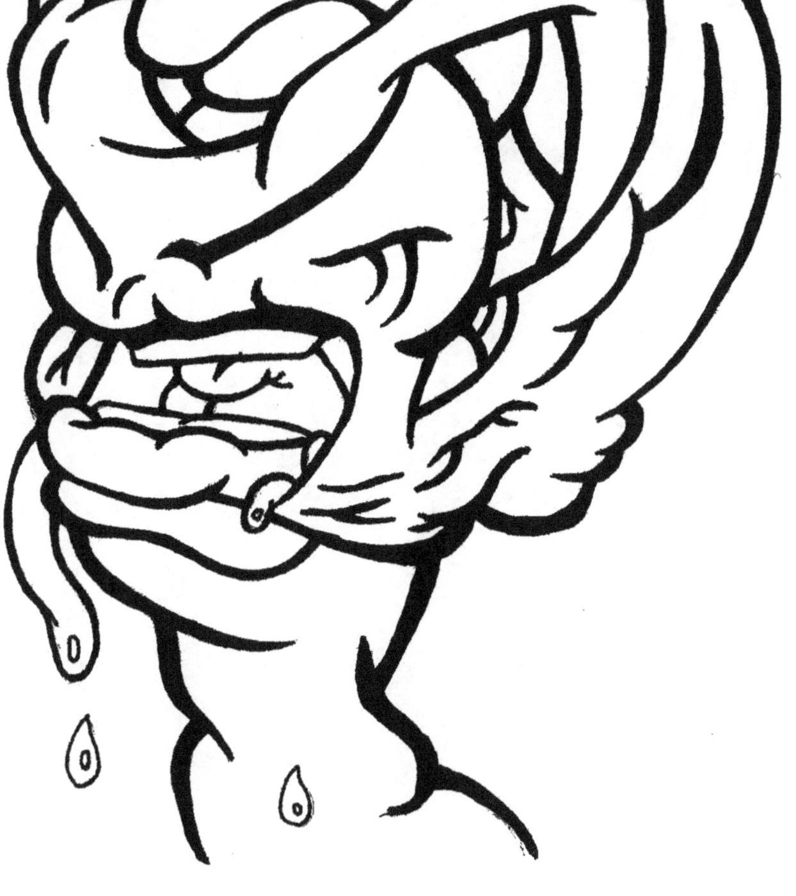

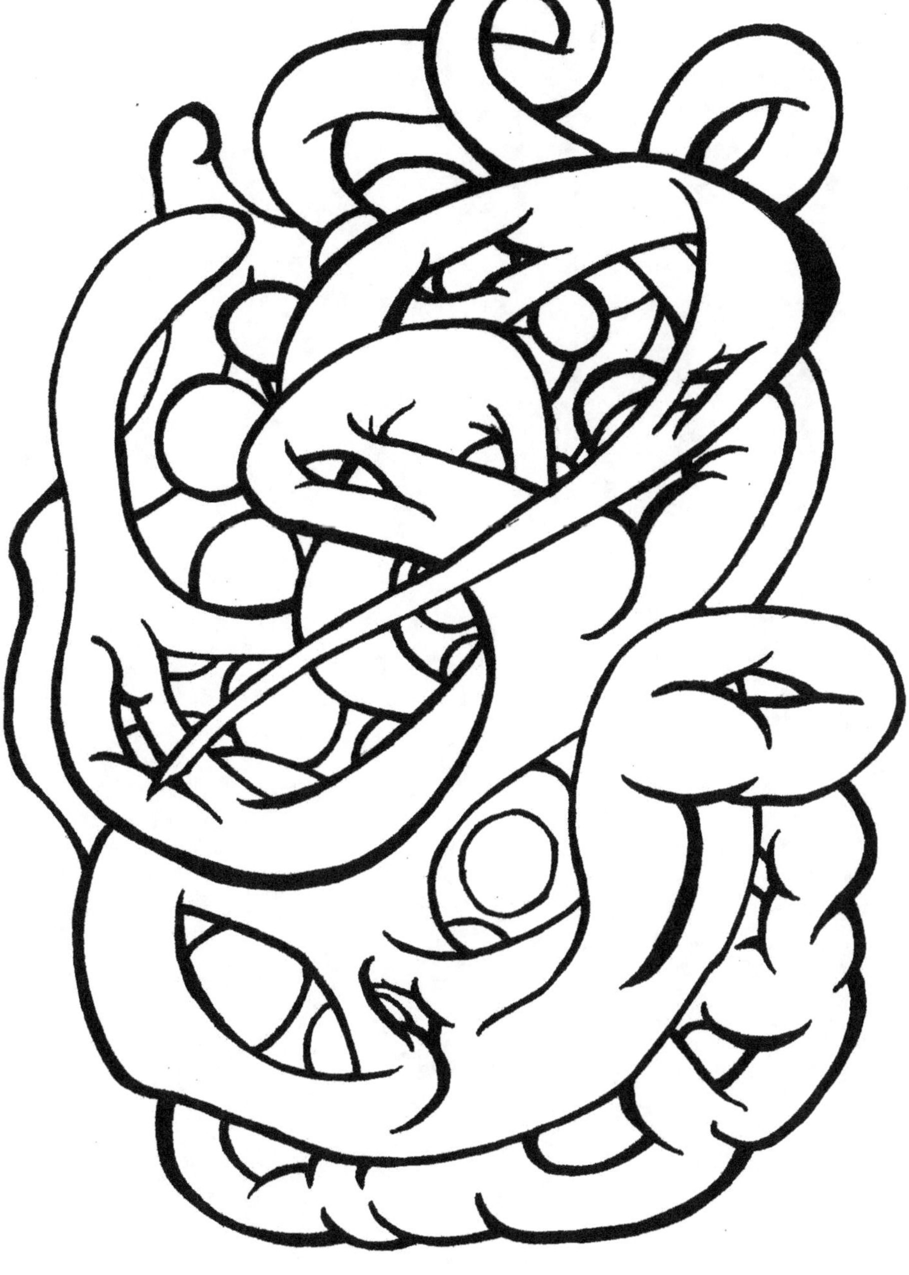

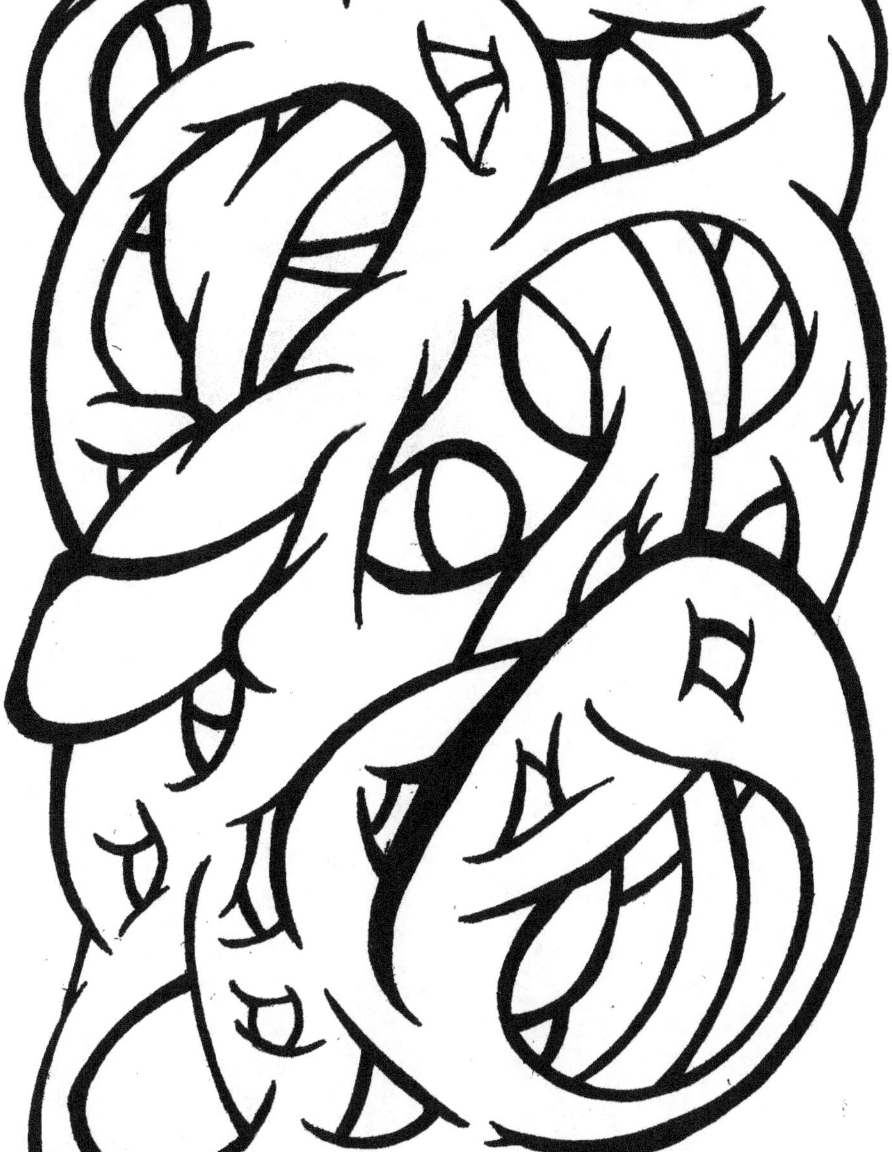

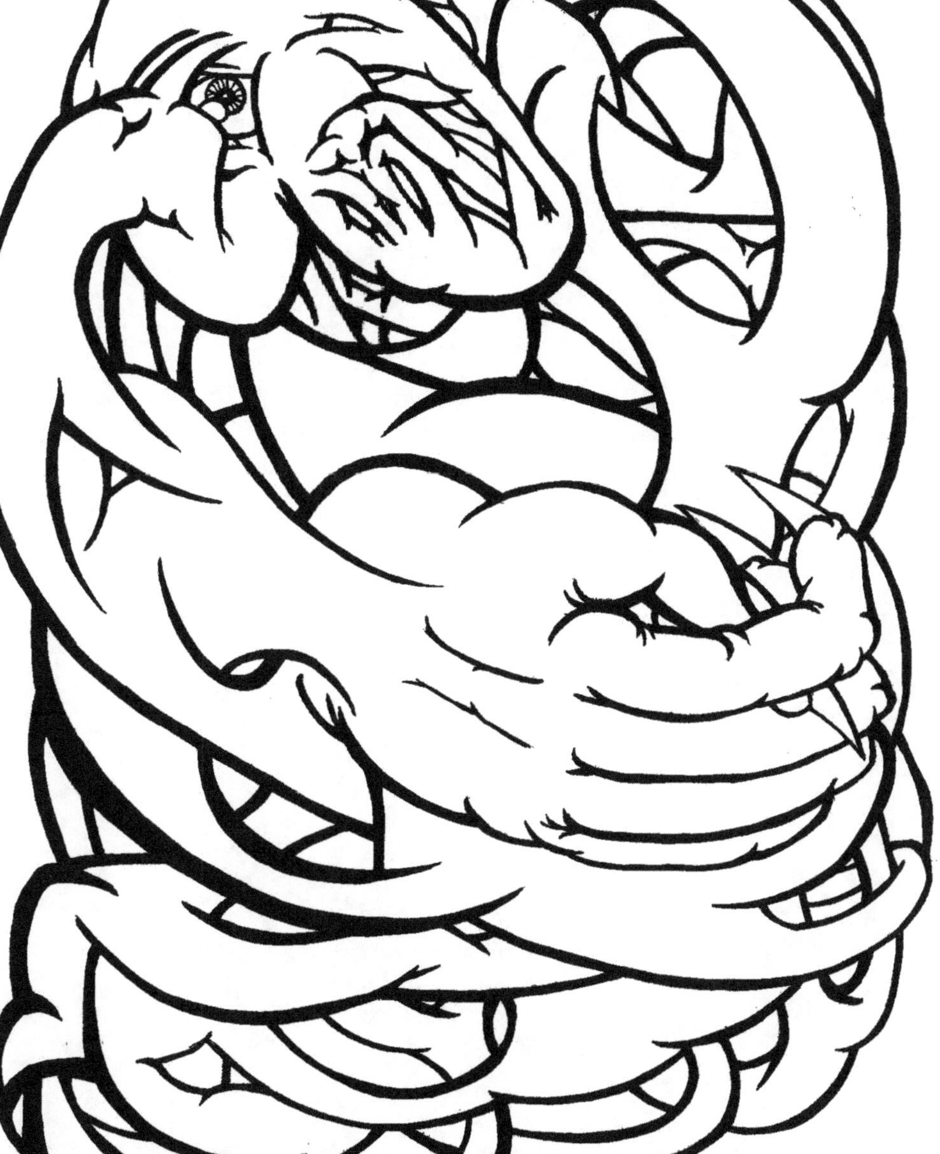

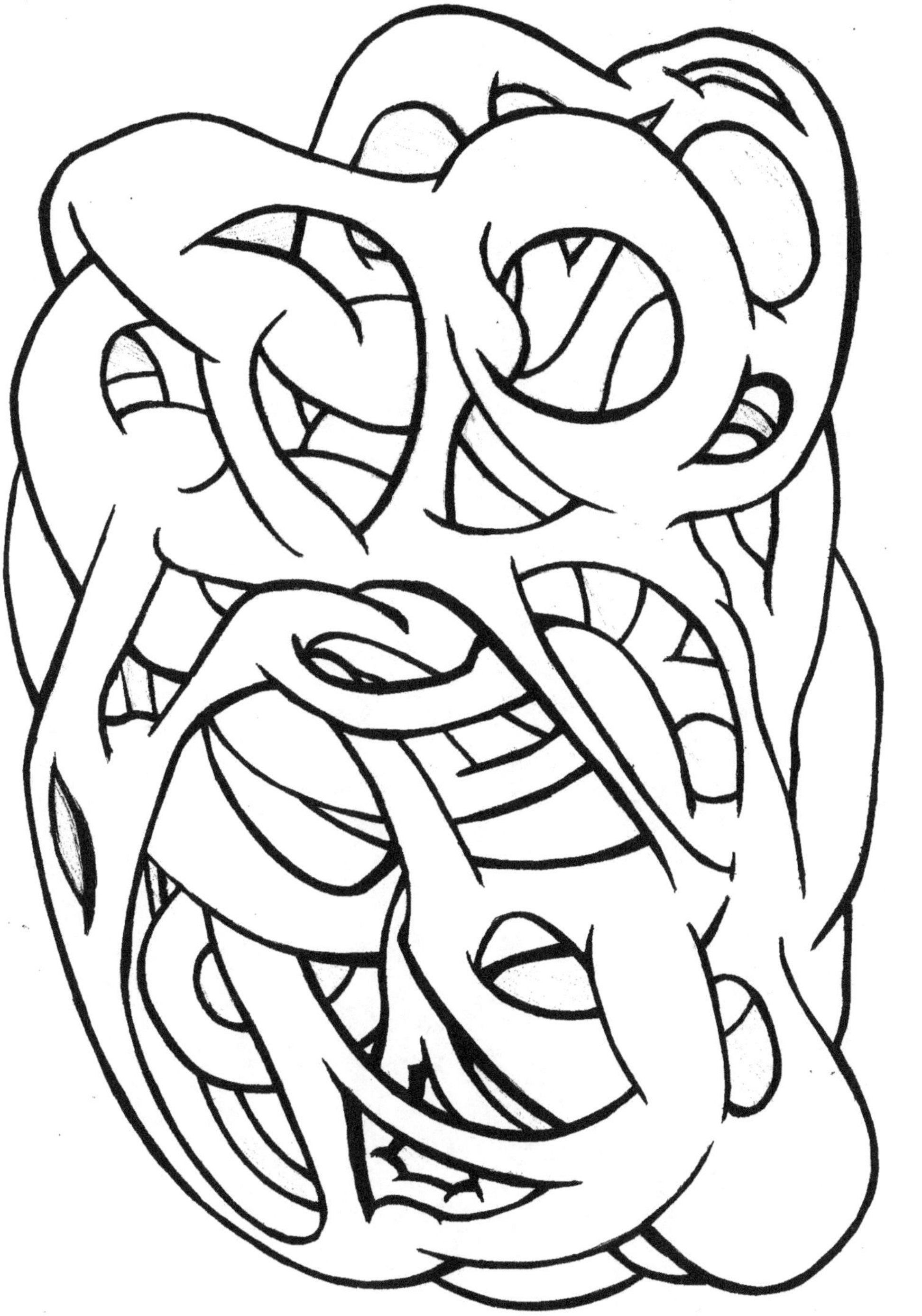

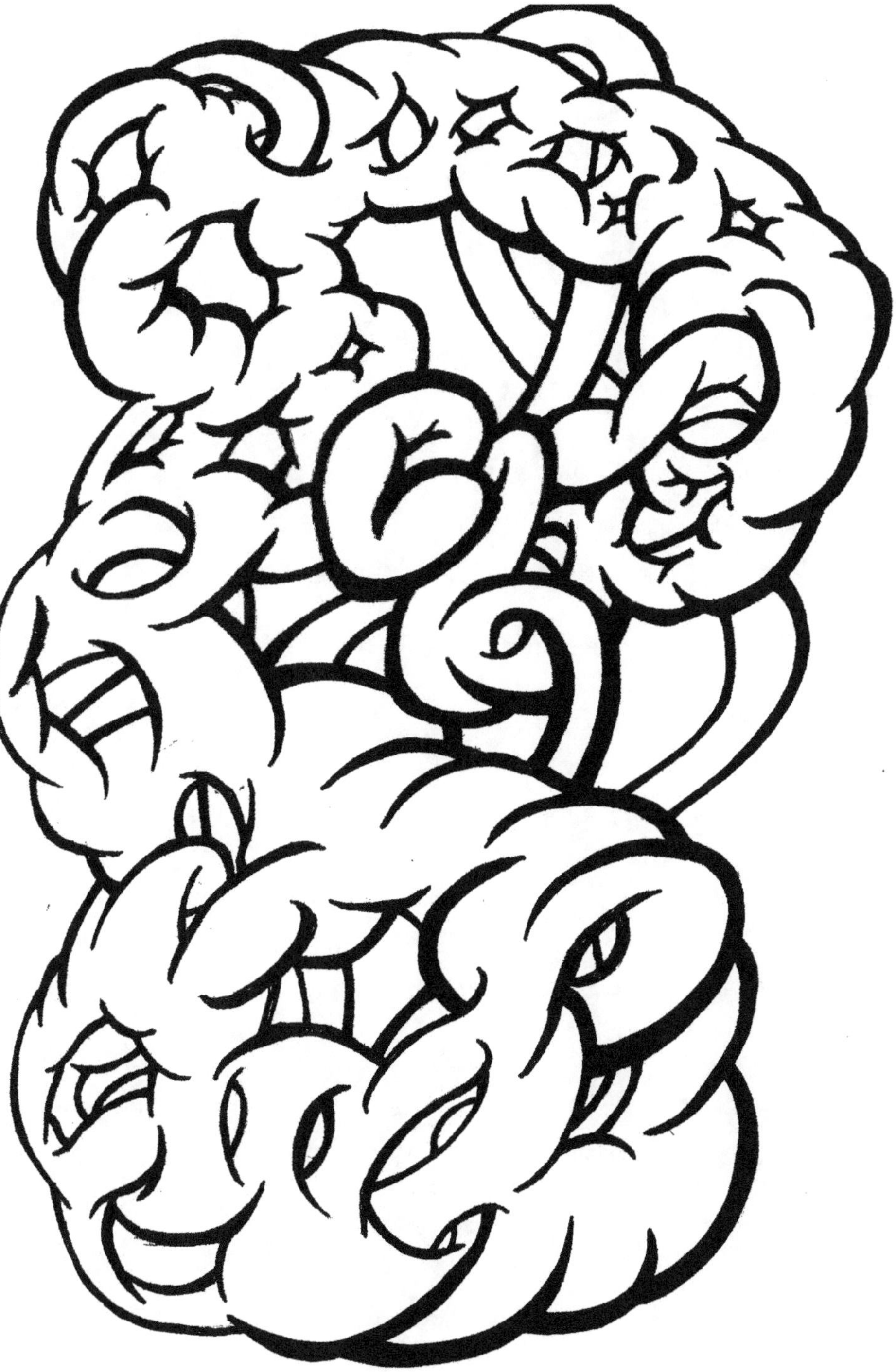

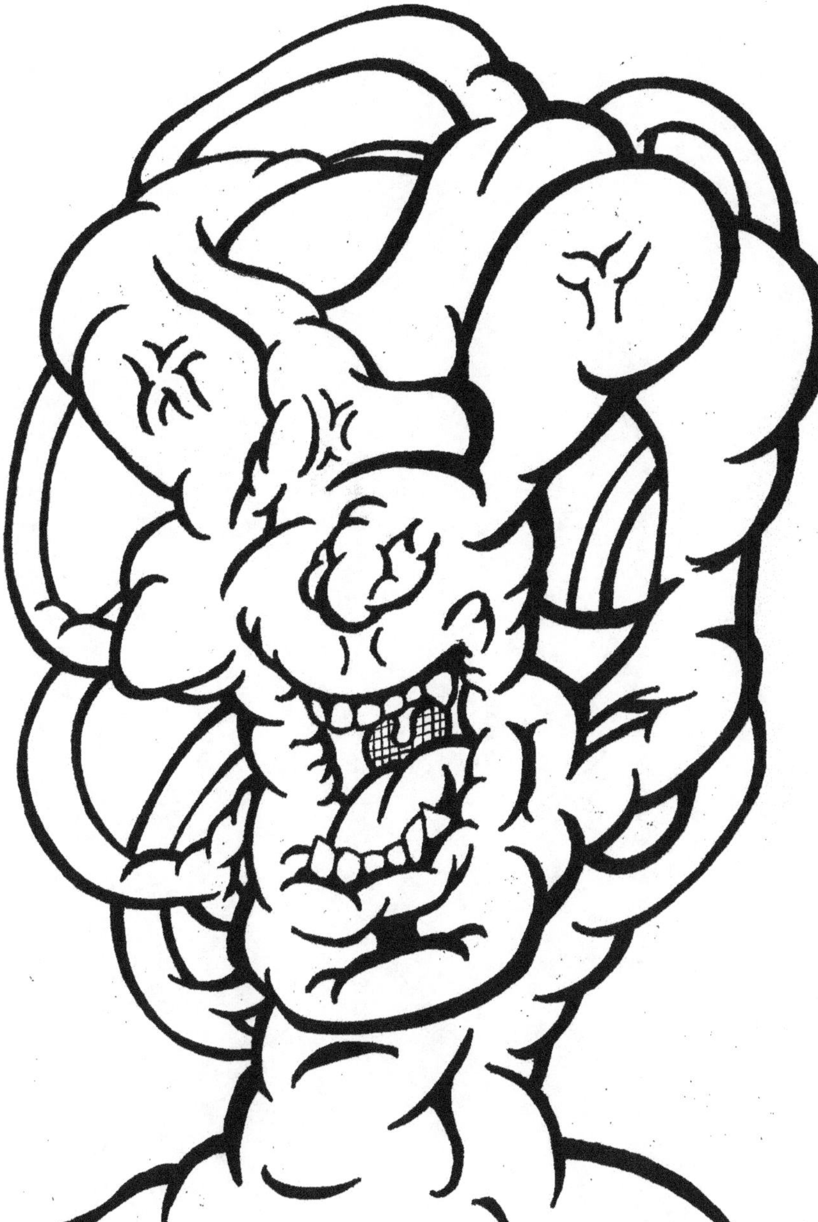

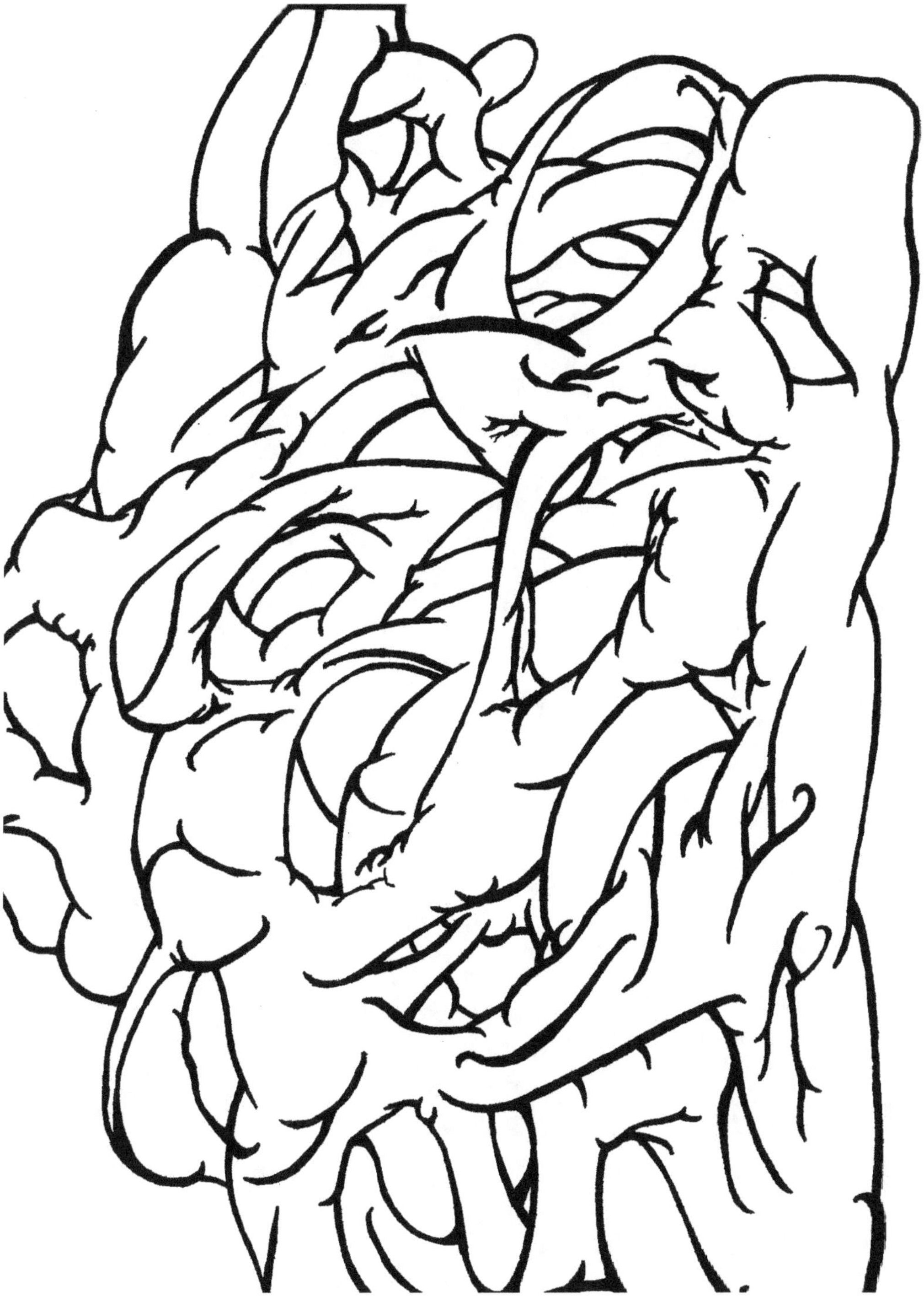

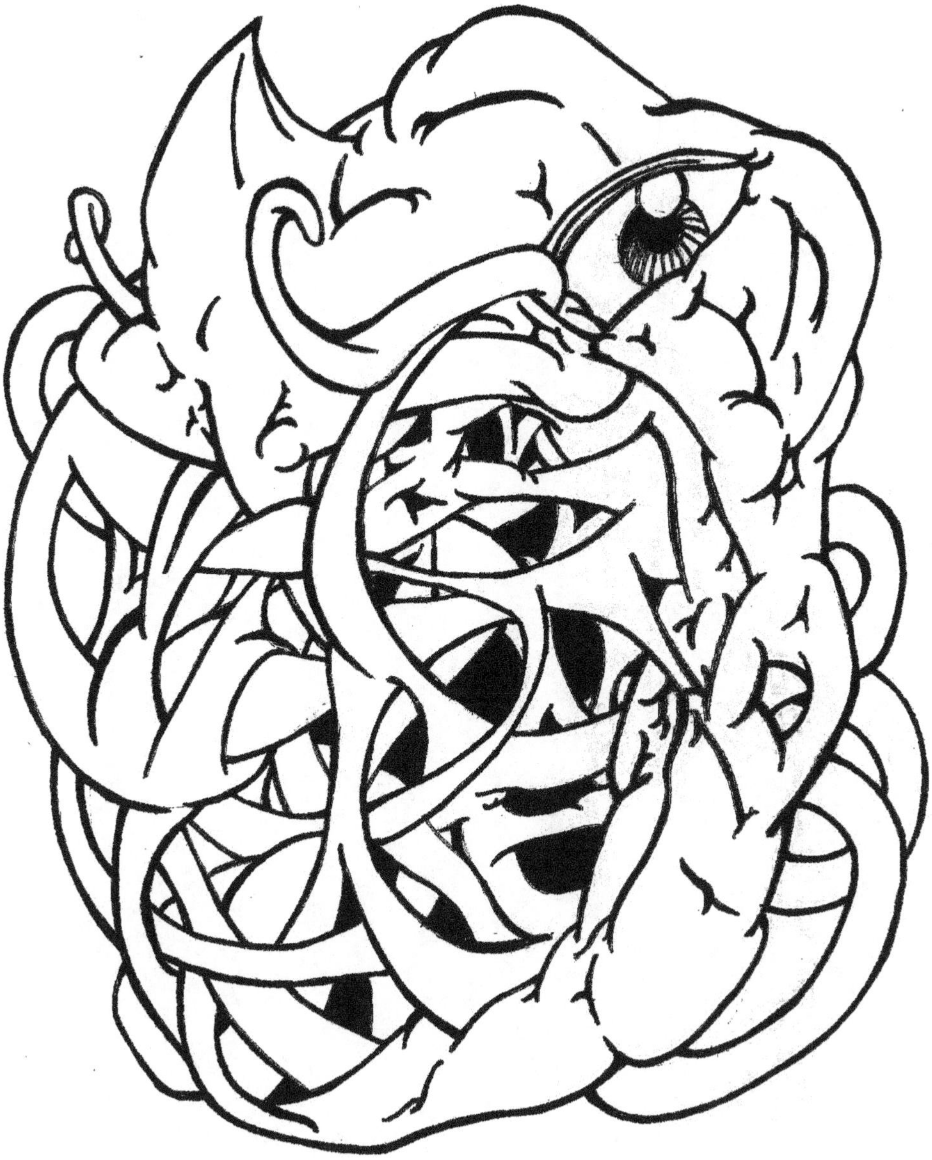

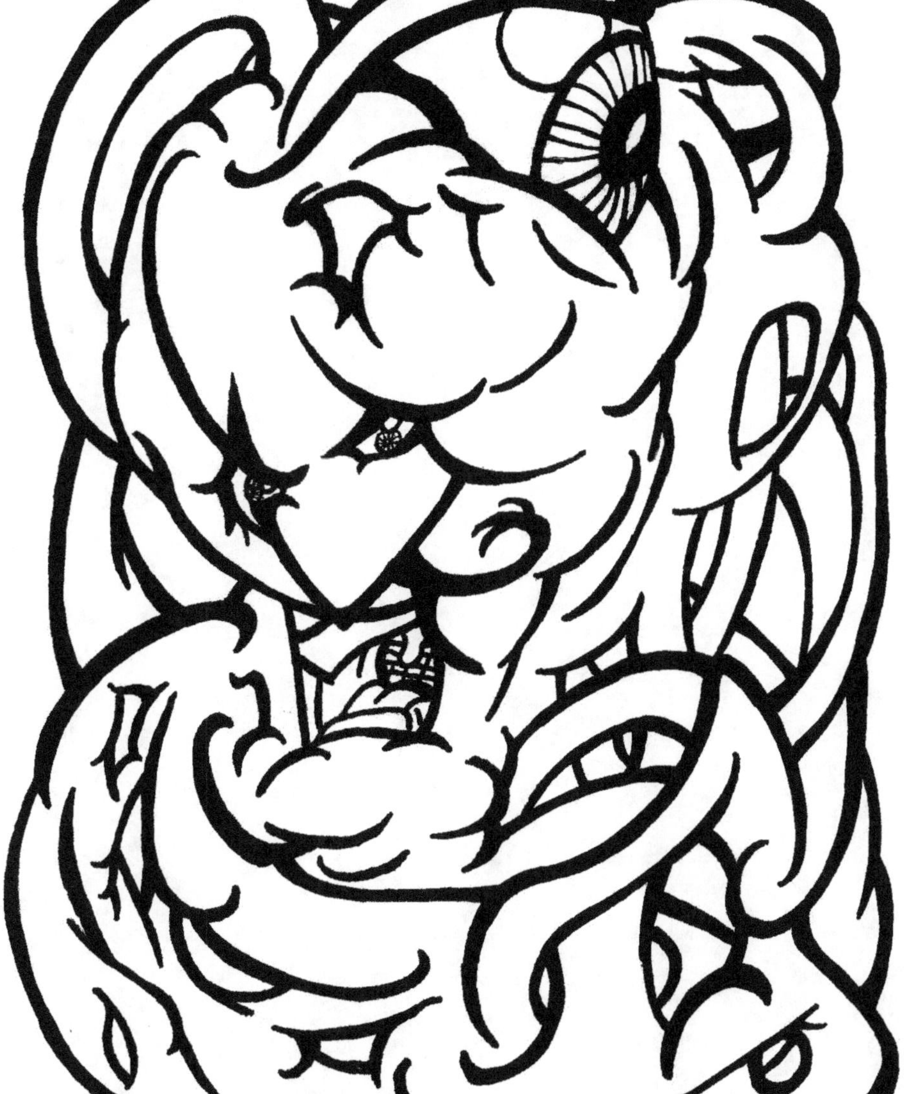

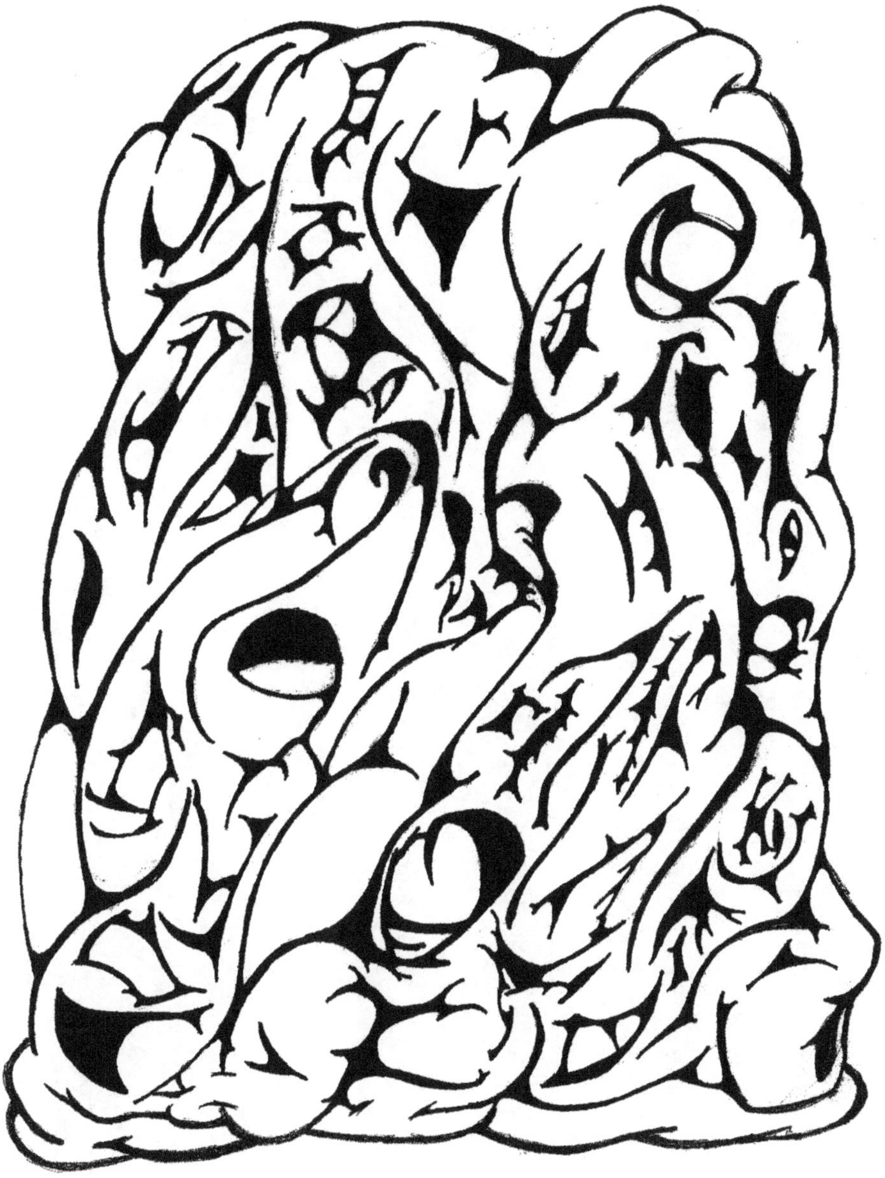

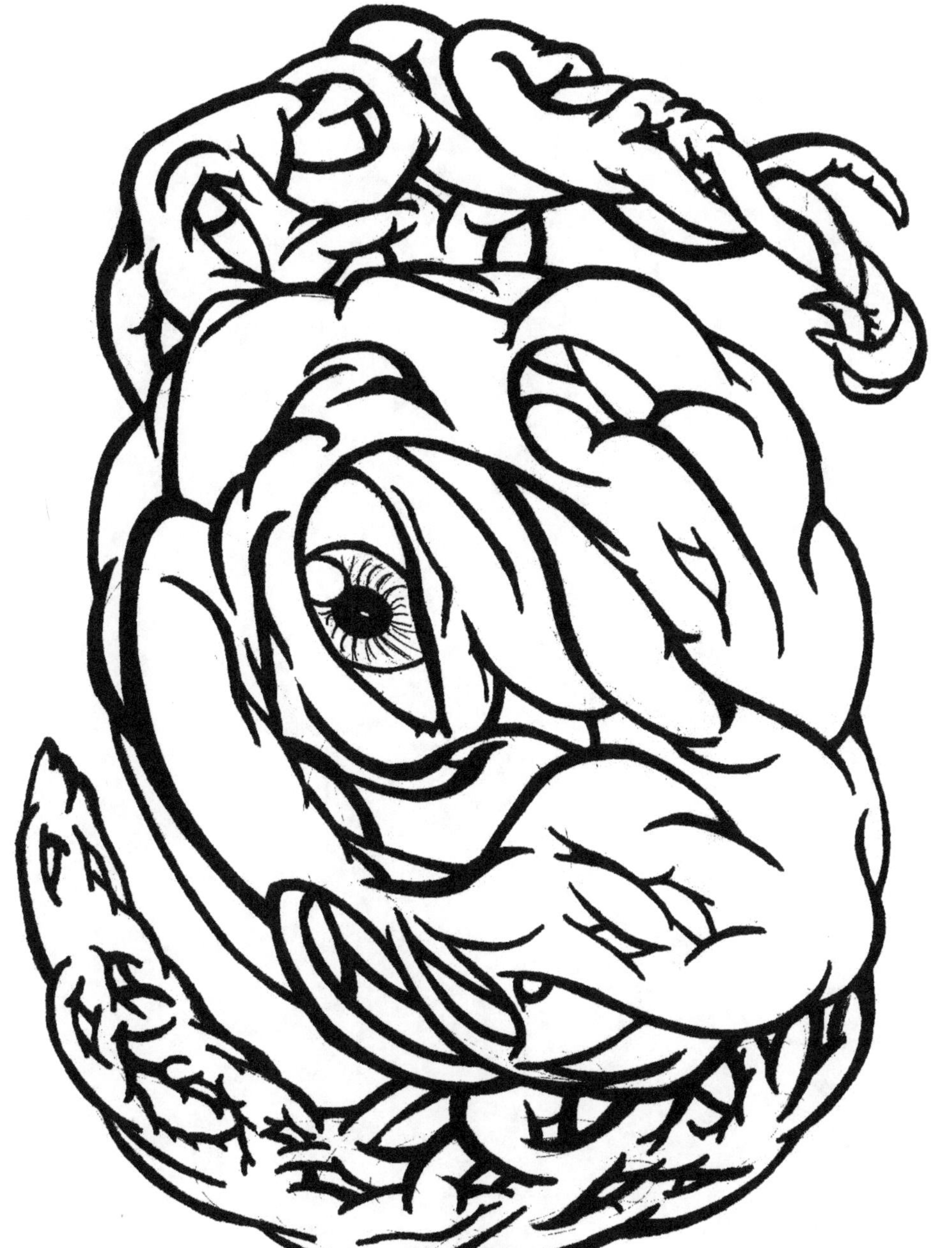

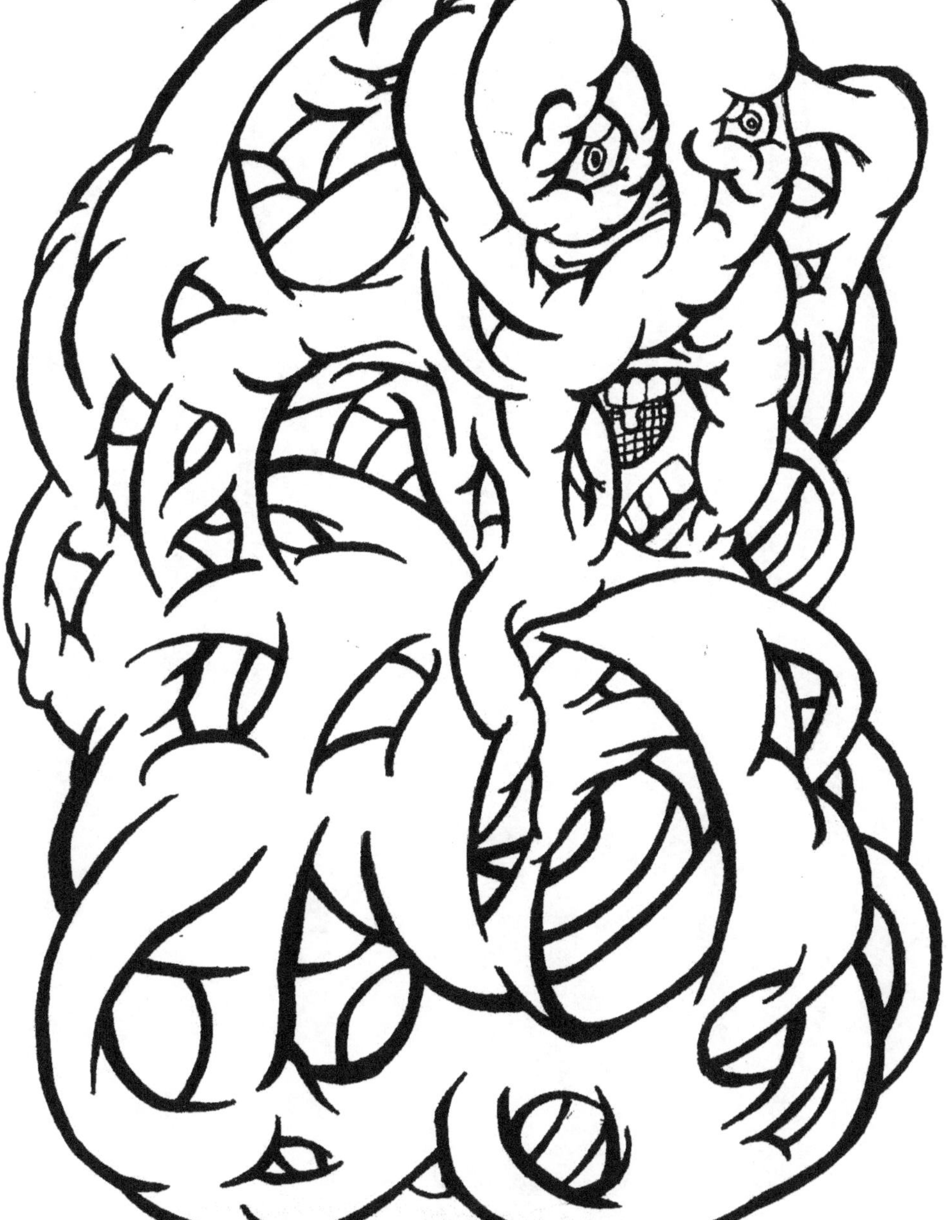

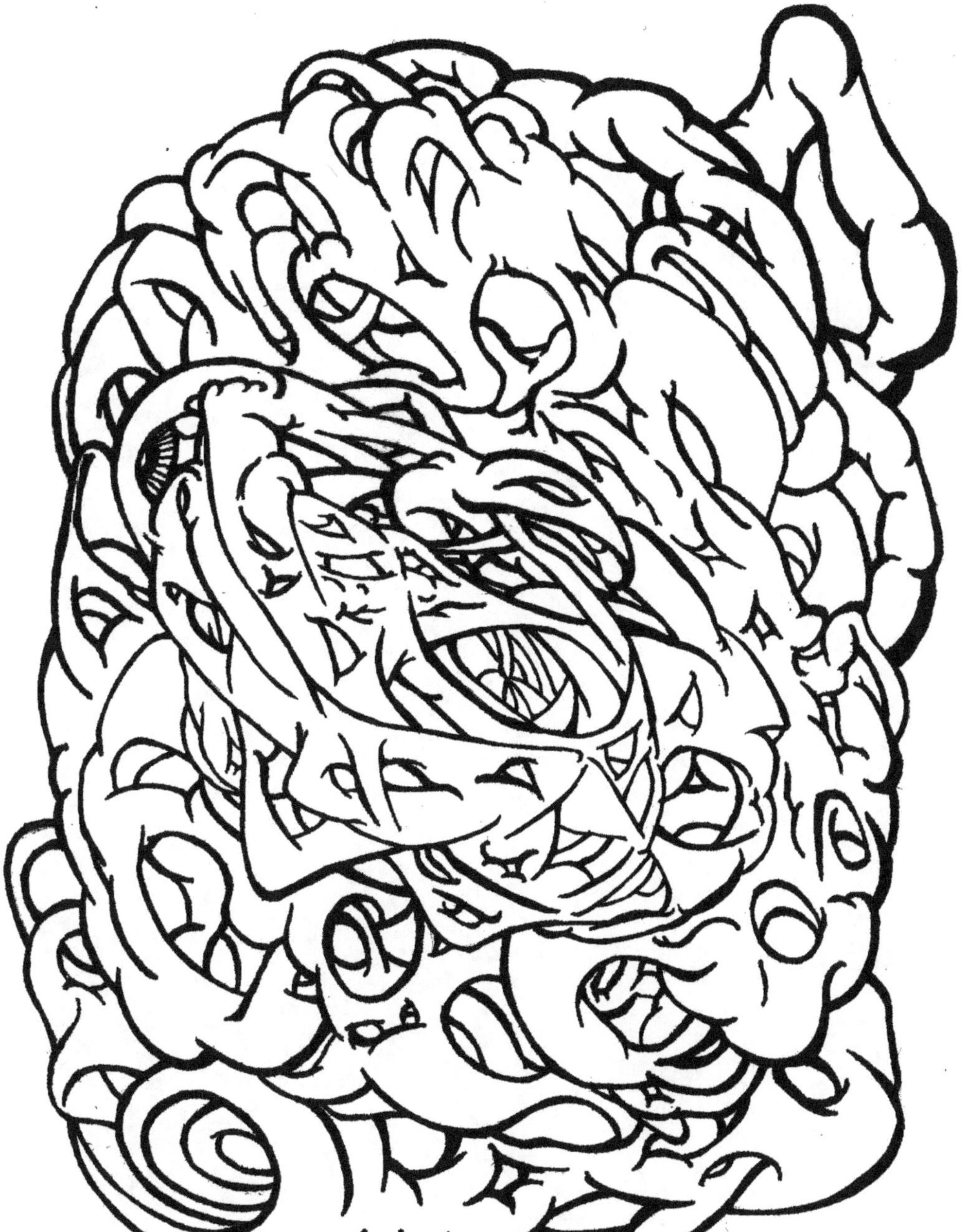

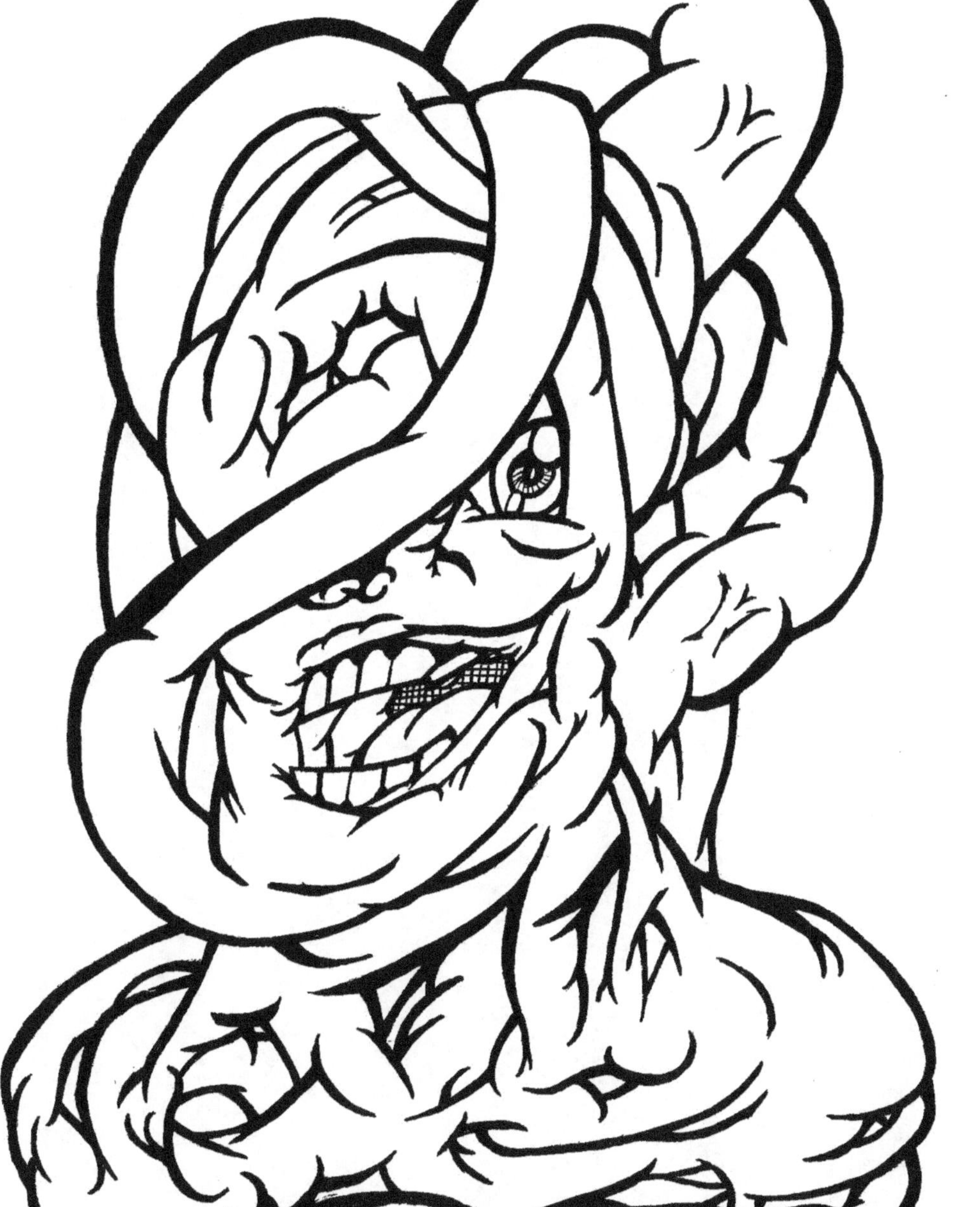

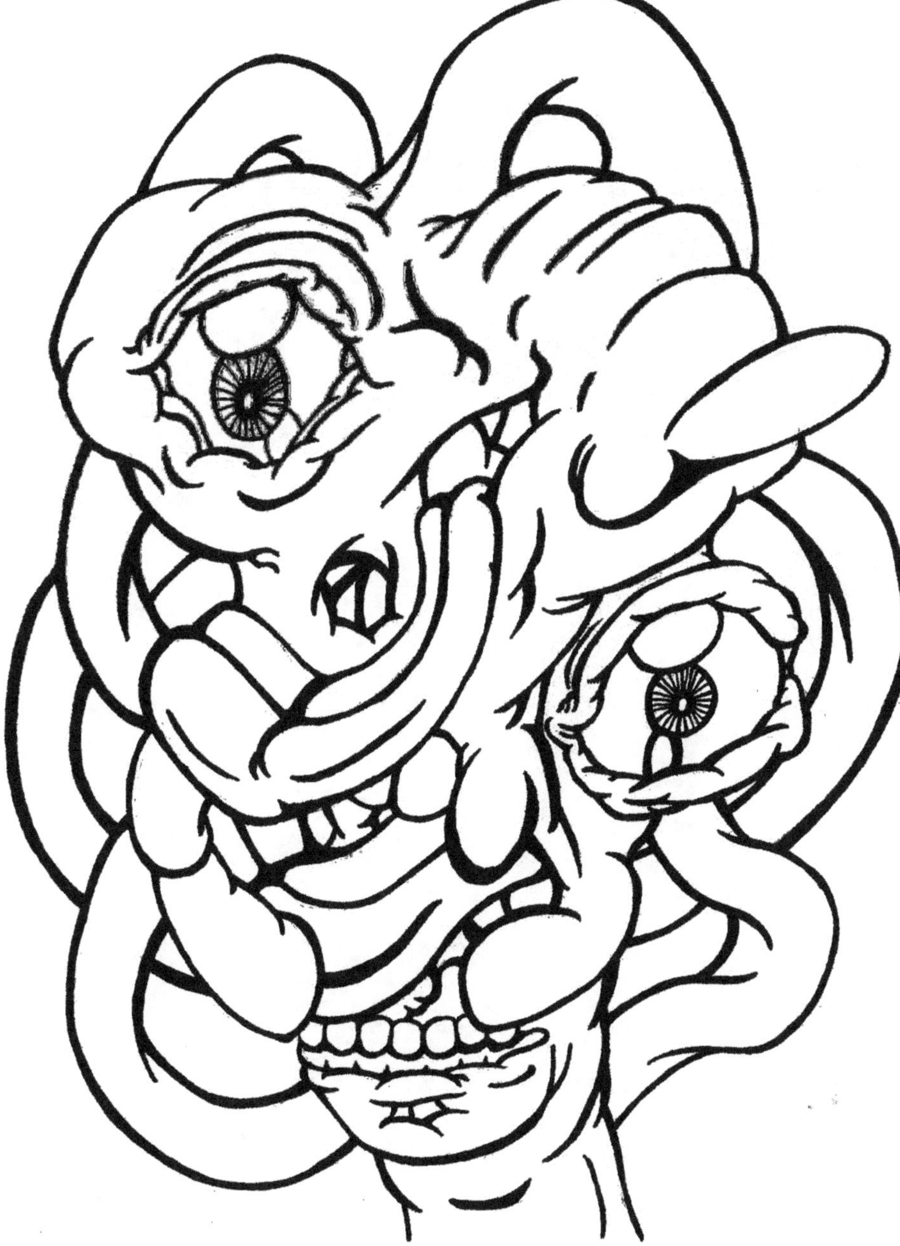

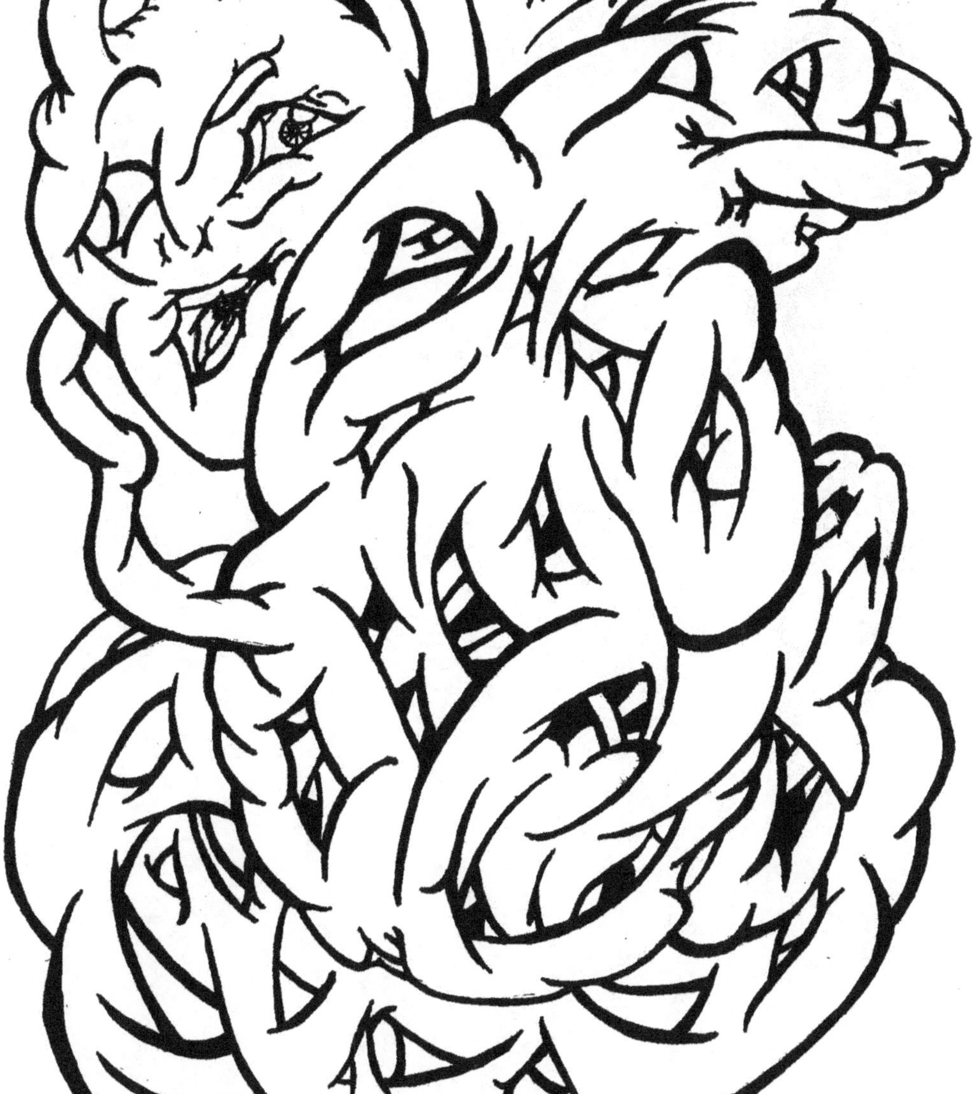

www.ingramcontent.com/pod-product-compliance
Lightning Source LLC
Chambersburg PA
CBHW080555190526
45169CB00007B/2781
* 9 7 8 1 5 3 3 2 5 5 5 2 5 *